Comme un livre CP/CE1

Renée Léon
Agrégée de lettres modernes

Dominique Luciani
Institutrice

HACHETTE
Éducation

Avant-propos

Il n'est jamais trop tôt pour lire des textes authentiques, de vrais textes d'auteurs qui n'ont été ni adaptés, ni coupés... Il n'est jamais trop tôt non plus pour découvrir la création artistique dans toute sa diversité.
Donner à lire, mais aussi donner à voir, tel est notre projet.
Nous avons voulu un beau livre, un livre où l'on ait envie d'entrer, un livre qui donne l'envie d'aller plus loin.

Les textes classés par genres (les histoires, le théâtre, les poésies, les documentaires, les contes) sont accessibles dès le CP, lorsque l'enfant commence à se repérer dans l'univers tout neuf de la lecture, et quelle que soit la méthode utilisée.
L'enfant lit pour rire, pour avoir peur, pour rencontrer des personnages qui lui ressemblent, pour découvrir le monde, pour réfléchir aussi.

Ce livre réunit beaucoup de textes intégraux :

- des textes d'ici et des textes d'ailleurs,
- des textes drôles et d'autres plus graves,
- des textes anciens et des textes plus récents,
- des textes connus et d'autres qui le sont moins.

Mais toujours, nous l'avons souhaité, des textes forts.

L'avenir du lecteur et sa motivation future se jouent dès les premières lectures.
Il est urgent de lui proposer des textes consistants, qui le font réagir...
À l'intérieur de chaque genre, les textes sont présentés par ordre de difficulté croissante : les premiers s'adressent plus particulièrement à des enfants de CP, les derniers plus particulièrement à des élèves de CE1. Mais il n'y a pas de parcours imposé : chaque enseignant chemine en fonction de sa classe.

Le questionnaire, volontairement léger, est centré sur l'essentiel : l'idée centrale, la situation, les personnages, l'information phare... Il est destiné à susciter des échanges au sein de la classe et à impliquer l'élève dans sa lecture.

Les illustrations sont des œuvres d'art : reproduction de tableaux, de gravures anciennes, de photographies...
Elles n'illustrent pas le texte au sens strict du terme. Elles le prolongent plutôt, dans un autre domaine de la création. Elles donnent des repères, elles affinent le regard, elles nourrissent l'imaginaire.

Les auteurs

Sommaire

Les histoires — 6

Le théâtre — 38

● Textes travaillés dans le cahier d'exercices CP.
● Textes travaillés dans le cahier d'exercices CE1.

Les poésies 60

Les documentaires 78

● Textes travaillés dans le cahier d'exercices CP.
● Textes travaillés dans le cahier d'exercices CE1.

Les contes

● Textes travaillés dans le cahier d'exercices CP.

● Textes travaillés dans le cahier d'exercices CE1.

Les histoires

Dans une pièce sombre, très sombre

Alvin Schwartz/Dirk Zimmer, traduction d'Anne de Bouchony,
Les Dents et Autres Histoires bizarres, « Folio Benjamin », Gallimard Jeunesse, 1997.

Ernst Ferdinand Oehme, *Dans la forêt.*

Dans une forêt sombre,
très sombre,
il y avait une maison sombre,
très sombre.

▼ Qui est le personnage de l'histoire?
▼ Où habite-t-il ?
▼ Qu'est-ce qui fait peur dans cette histoire ?

Dans cette maison sombre,
très sombre,
il y avait une pièce sombre,
très sombre.

Dans cette pièce sombre,
très sombre,
il y avait un buffet sombre,
très sombre.

Dans ce buffet sombre,
très sombre,
il y avait un coffre sombre,
très sombre.

Et dans ce coffre sombre,
très sombre,
il y avait…

UN FANTÔME !

Armand Polignac, aquarelle, détail.

Dinomir dans l'autocar

Arlette Lenquette Anciaux, *Dinomir le géant*, MDI.

Dinomir est un géant. Il est dans un autocar. Tout à coup, l'autocar s'arrête.

Il y a un chien sur la route,
un gros chien.
Il ne veut pas bouger.
C'est pour ça que l'autocar s'est arrêté.
Le chauffeur appuie sur le klaxon.
Mais le gros chien
ne veut pas bouger du tout.
Tout le monde crie de plus en plus fort.
« Va-t'en, va-t'en ! »
Les gens veulent que l'autocar reparte.
Mais le chien ne veut toujours pas bouger.

Le chauffeur sort de l'autocar.
Les gens sortent aussi.
Le chauffeur veut chasser le gros chien.
Mais le chien ne veut pas bouger du tout.

Le chauffeur essaye de pousser le gros chien.
Les gens essayent aussi de pousser le gros chien.
Mais le chien
ne veut pas bouger du tout.

Le chauffeur essaye encore de pousser le gros chien.
Rien à faire, le chien
ne veut pas bouger du tout.

Alors Dinomir arrive.
Quand Dinomir arrive,
il fait très peur
au gros chien.
Il lui fait peur
parce qu'il est un géant.
Alors le chien se sauve vite.

Tout le monde remercie Dinomir.
« Vive Dinomir, le géant.
Bravo Dinomir, bravo, bravo. »
Tous les gens sont très contents,
le petit garçon et Dinomir aussi.

Gaston Chaissac, *Totem double face*, 1961.

▼ Pourquoi l'autocar s'arrête-t-il ?
▼ Que fait le chauffeur ? Que font les gens ?
▼ À la fin, le chien a peur. Pourquoi ?

Le pirate

Alvin Schwartz/Dirk Zimmer, traduction d'Anne de Bouchony,
Les Dents et Autres Histoires bizarres, « Folio Benjamin », Gallimard Jeunesse, 1997.

Sarah passait ses vacances
avec sa cousine Suzanne.
– Autrefois, un pirate a vécu dans notre maison,
dit Suzanne à Sarah.
Il est mort dans la chambre où tu es installée.
Son fantôme hante soi-disant cette pièce.
Mais nous ne l'avons jamais vu.
– Je ne crois pas aux fantômes, dit Sarah.

Cependant, l'idée qu'un pirate
puisse hanter sa chambre
l'inquiétait un peu.

Ce soir-là, Sarah regarda partout
avant de se coucher.

Elle chercha sous le lit
et sous la descente de lit,
dans le placard
et dans les tiroirs,

la descente de lit :
le tapis qui se trouve près du lit.

Richard Doyle,
Fantômes, aquarelle.

derrière la coiffeuse
et derrière les rideaux.
Et partout où pourrait
se cacher un fantôme.
Mais elle ne trouva absolument rien.

la coiffeuse :
le meuble avec une glace pour se coiffer.

Sarah bâilla, s'étira et se mit dans son lit.

Elle éteignit la lumière
et se pelotonna sous les couvertures.
« C'est bien ce que je pensais, se dit-elle.
Il n'y a personne d'autre que moi
dans cette chambre. »
À ce moment-là, une grosse voix ajouta :
– À part MOI !

▼ Que raconte Suzanne au début de l'histoire ?
▼ Que répond Sarah ?
▼ À ton avis, est-ce que Sarah croit aux fantômes ? Explique ta réponse.
▼ Finalement, est-ce que le fantôme existe ?

Tibili

Marie Léonard, Andrée Prigent, *Tibili, le Petit Garçon qui ne voulait pas aller à l'école*, Magnard, 1990.

Tibili est un petit garçon qui vit en Afrique. Il aime beaucoup jouer, et il n'a pas envie d'aller à l'école. Il va voir ses amis les animaux pour leur demander conseil.

un marigot :
un trou d'eau.

le papayer,
le tamarinier :
des arbres d'Afrique.

Alors, il interpelle l'araignée Crope
qui sait toujours tout.
Crope lui dit :
– Je ne vois qu'une chose :
c'est d'aller chercher le coffret du SAVOIR.
Il est enterré, près du marigot,
entre le papayer et le tamarinier.
…Tu verras une grosse pierre rouge,
tu la soulèveras, tu gratteras la terre
jusqu'à ce que tu rencontres un objet très dur :
c'est le coffret du SAVOIR.
Tu le prendras avec précaution,
tu l'ouvriras et tu trouveras ce que tu cherches.

Andrée Prigent, illustration.

Andrée Prigent, illustration.

Tibili court très vite près du marigot,
gratte la terre entre le papayer et le tamarinier ;
il sent un objet très dur, le dégage.
C'est un coffret.
Il essaie de l'ouvrir, sans succès.
Son ennemie, Kut-Kut, la pintade,
lui crie de son perchoir :
– Que fais-tu, Tibili ?
– Je cherche à ouvrir le coffret du SAVOIR.
– C'est bien simple, tu n'as qu'à lire la plaque
qui se trouve sous le coffret.
C'est tout expliqué.

Tibili renverse le coffret, baisse la tête tristement et ne dit rien.

– Alors? dit la pintade.

– Je ne sais pas lire.

– Tu ne sais pas lire?

AH!

AH!

AH!

IL NE SAIT PAS LIRE,

crie-t-elle à qui veut l'entendre.

– IL NE SAIT PAS LIRE, répètent les pintades.

– IL NE SAIT PAS LIRE, répond l'écho.

Tibili replace le coffret dans sa cachette, le recouvre de terre, replace la pierre rouge et retourne chez lui.

Lorsqu'il est hors de portée des pintades,
il prend ses jambes à son cou, regagne sa case
et dit à sa maman :

– Est-ce bientôt la rentrée des classes?

une case :
une maison (en Afrique).

▼ Que dit l'araignée Crope à Tibili?

▼ Tibili n'arrive pas à ouvrir le coffret. Pourquoi?

▼ Que fait Tibili à la fin? Pourquoi?

Peinture naïve africaine, XXe siècle.

Le vampire qui avait mal aux dents

Ann Rocard, *Le Vampire qui avait mal aux dents,* Nathan, 1997.

Pikadir est un petit vampire. Comme tous les vampires, il vit la nuit et se nourrit de sang. Une nuit, Pikadir a très mal aux dents.

Le jour n'allait pas tarder à se lever. Pikadir avait cherché pendant toute la nuit un dentiste dont le nom lui plaise et surtout qui ne dorme pas…
Il était découragé.
Enfin, il finit par découvrir cette inscription :

MAMIE YAPADEBOBO
JE GUÉRIS TOUT COMME IL FAUT !

Le vampire regarda par la fenêtre : une petite grand-mère aux cheveux gris recouvrait une tartine avec une montagne de confiture de tomates.
« Beurk, pensa Pikadir.
Vampikette et vampirate,
serait-ce de la bousticate ? »

Jean Dubuffet,
Site avec deux personnages,
1981.

Le vampire frappa au carreau.

– Qui est là ? demanda la petite grand-mère.

– Pikadir, profession vampire, pour vous servir !

– Oh, oh, dit simplement Mamie Yapadebobo.

Elle ouvrit la fenêtre et fit entrer Pikadir.

– Vous avez mal aux dents ? interrogea Mamie Yapadebobo. Très embêtant pour un vampire…

La petite grand-mère sortit un flacon rouge de son placard et le tendit au vampire :

– Buvez cela sans respirer, en vous pinçant le nez, ordonna-t-elle.

Pikadir obéit aussitôt.

En quelques minutes, la douleur disparut, comme par miracle.

– Vampikette et vampirate !
C'est incroyable ! s'exclama Pikadir.
Ravi, le vampire embrassa Mamie Yapadebobo.
– Hum, quelle bonne odeur de sang, soupira-t-il.
Heureusement pour elle, la gentille grand-mère n'était pas barbue. Pikadir ne lui ferait donc aucun mal.

– J'ai oublié de vous signaler quelque chose, dit alors Mamie Yapadebobo. Quand on avale mon médicament, on ne peut plus jamais boire de sang, sinon...
– Si... si... sinon ? bégaya Pikadir.
– Sinon on tombe raide mort !
Le vampire ouvrit de grands yeux et ne trouva rien à répondre. S'il ne pouvait plus boire de sang, il ne pourrait pas vivre très longtemps...

Alors Mamie Yapadebobo lui tendit un verre rempli d'un liquide rouge dans lequel elle plongea une paille multicolore.
Pikadir goûta, un peu méfiant :
– Délicieux, dit-il. Qu'est-ce que c'est ?

– Un tiers de sirop de grenadine,
plus un tiers de sirop de fraise,
plus un tiers de sirop de cerise,
certifié pur fruit et sans colorant,
répondit Mamie Yapadebobo.
Si ça vous plaît, je peux vous en offrir tous les soirs à la même heure.

Pikadir accepta sans hésiter. Depuis ce jour-là, on peut voir un vampire au nez en trompette se rendre chaque soir chez Mamie Yapadebobo.
On raconte qu'il n'a plus jamais eu mal aux dents et qu'il a même fini par adorer la confiture de tomates.
Vampikette et vampirate...
Pour un vampire, y a de quoi rire !

Jean Dubuffet, *Situation CXXIV*, 1979.

▼ Quel est le problème de Pikadir au début de l'histoire ?
▼ Est-ce que le médicament qu'il prend est un bon médicament ? Explique ta réponse.
▼ Que penses-tu de la petite grand-mère ?
▼ Est-ce que Pikadir te fait peur ? Explique ta réponse.

Motordu a pâle au ventre

Pef, *Motordu a pâle au ventre*, « Folio Cadet », Gallimard Jeunesse, 1996.

Le Prince de Motordu est avec sa femme et ses enfants. Tout à coup, il devient tout blanc.

– Ouillouillouille, j'ai pâle, j'ai pâle au ventre !

– Ne tombez pas dans les pommes, asseyez-vous sur cette fraise, lui conseilla la Princesse.

Je vais appeler le docteur Demoux. Ce ne sera pas long !

Mais le Prince finit par s'impatienter :

– Demoux tarde à venir, je vais l'assaisonner, celui-là !

– Allons, allons, fit la Princesse, il a dû recevoir beaucoup d'appels, à cause de cette épidémie de tripes.

Dès son arrivée, le docteur ausculta le Prince :

– Mais qu'avez-vous donc mangé à midi ? s'enquit-il. Des sardines mal triées, des œufs qui n'étaient pas faits ?

– Euh… du civet et des coquillages, répondit le Prince après avoir bu le menu.

– Civet, coquillages… eh bien, vous avez lapin dix huîtres, annonça le docteur. Il faut vous souffrir le ventre à l'hôpital !

La Princesse qui ne s'inquiétait pas facilement avait pourtant l'alarme à l'œil.
Elle appela une ambulance et prépara la valise du Prince.
– Puisque vous allez vous faire au béret au moins vous serez à l'abri du froid, dit la Princesse.
– N'oubliez pas ma chemise de huit, recommanda le Prince qui dormait au moins huit heures par nuit.
Mais il rassura aussi ses enfants :
– Mon absence ne sera pas longue. Soulagez votre mère en ne laissant pas régner vos affaires !

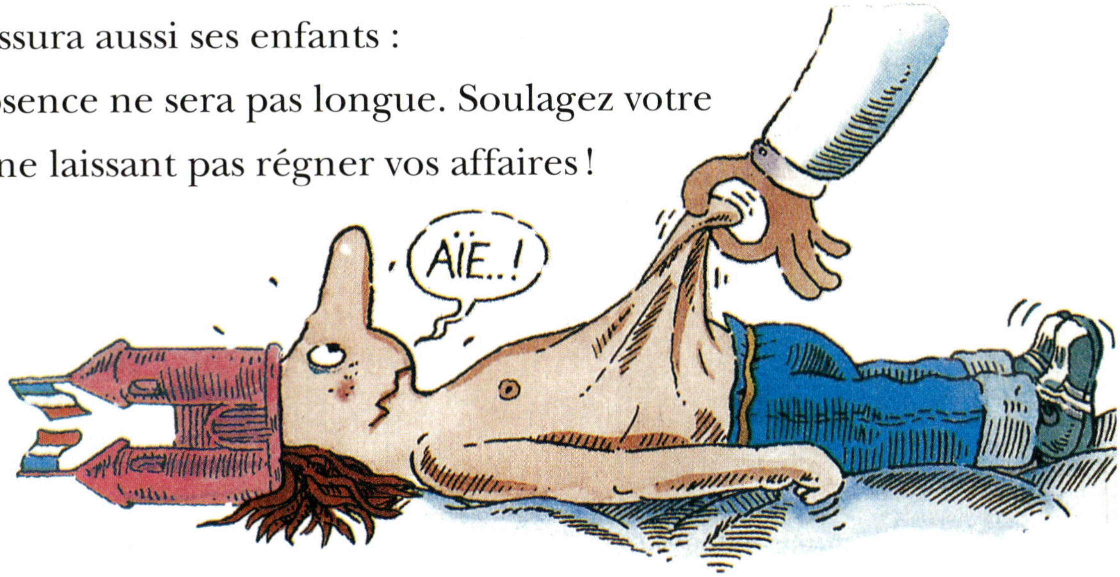

▼ Explique ce qui est étonnant dans cette histoire ?
▼ Raconte ce qui arrive au Prince Motordu ?
▼ Qu'est-ce qu'un « mot tordu » ?

Ça zozote au zoo

Hubert Ben Kemoun/Bruno Heitz, *Ça zozote au zoo*, « Je commence à lire », Casterman, 1997.

– Le C ! C'est la plus classe des consonnes ! clamait comme un clairon le cacatoès couleur cacao sur son cerisier.

– Moi, avec le C, chers collègues, je cacabe, certifia la caille.

– Avec le C, je chante, confirma le coq.

– Et moi, je croasse jusqu'au crépuscule dans tous les coins de la campagne, croassa le corbeau.

– On cancane avec un C, « coin-coin », compléta le canard.

– Et moi, je craquette avec un petit C, confessa calmement la cigale.

– Le C, c'est la plus chouette, la plus correcte des consonnes ! confirma le cacatoès. Le C a du corps et du cœur, c'est clair. Avec, on compte et on conte, on copie et on corrige ! Le C commande comme un chef, c'est un cadeau du ciel ! En conclusion, ne causons qu'en C !

– Le C ! Le C ! crièrent en chœur les copains convaincus du cacatoès. Et le coq compléta leurs cris d'un colossal

COCORICO !

▼ Qu'est-ce qui est étonnant dans cette histoire ?
▼ Fais la liste de tous les animaux qui parlent.
▼ Comment se termine l'histoire ?

La nouvelle école de Mama Zou

Catherine Nési, *La Nouvelle École de Mama Zou*, Épigones, 1997.

Les Papayous habitent l'île Coco, au milieu de l'océan. Mama Zou est la maîtresse d'école. Un soir, le vent se met à souffler très fort, et cela dure toute la nuit.

les dégâts : *ce qui est cassé.*

Le lendemain matin, tout est fini. Le ciel est calme à nouveau. Par chance, les murs des maisons sont encore debout. Les Papayous réparent les dégâts en sifflotant.
Mais de l'école, il ne reste qu'un tas de planches qui sèchent au soleil.

– Il faut reconstruire l'école très vite, s'exclament les parents.
– D'accord, crie une maman, mais pas ici. C'est trop loin du village.
– J'ai une idée ! crie Anastase, le papa de Ti Justin, construisons l'école à côté de mon champ de canne à sucre. Mon fils vient souvent m'aider après l'école. Comme ça, il sera là plus vite.

Gora M'Bengue, *Femme,* 1984, fixé sous verre, Sénégal.

Rose rétorque :
Rose répond.

Rose, qui est cuisinière au restaurant « Chez Poupoune », rétorque :

– Nina vient faire ses devoirs « Chez Poupoune » après l'école. Ton champ est à l'autre bout de l'île, c'est trop loin pour elle ! Installons plutôt l'école à côté du restaurant.

Félix, le papa de Marianne, met son grain de sel :

– On ne peut pas construire l'école à côté de « Chez Poupoune ».

– Et pourquoi pas ?

– Parce que tu chantes à tue-tête en tapant sur tes casseroles. Les enfants ne pourront pas travailler dans un tel vacarme !

– Du vacarme, mes chansons ? glapit Rose. C'est sur ta tête que je vais en faire, moi, du vacarme !

– Ça suffit ! dit Mama Zou. J'ai une idée. Rendez-vous ici après la sieste. Et apportez des outils.

Un peu plus tard, tout le village se rassemble autour de Mama Zou. Elle a des plans à la main et annonce :

– On va commencer par bâtir l'école ici, ensuite je vous expliquerai où nous allons la mettre…

Les hommes construisent la nouvelle école selon les plans de Mama Zou. Le soleil tape dur sur les têtes.

On scie, on coupe, on hisse, on pousse, on visse, on rabote.

– Tout cela est bien étrange, murmurent les vieux du village, les murs ne sont pas droits et les fenêtres sont aussi rondes que des lunes.

– Ça ne ressemble à rien cette forme bizarre, ronchonne une mère. Que le grand requin blanc me croque si cette « chose » est une école.

– Mais qu'est-ce qu'elle a dans le crâne Mama Zou, du lait de coco ? s'interrogent les enfants.

on rabote une planche : *on rend une planche plate, avec un rabot.*

Quand vient le soir, la nouvelle école est terminée. Chacun la regarde ébahi puis admiratif.

Un bateau ! Mama Zou a construit une école en forme de bateau.

– Fantastique, hurlent les enfants. Notre nouvelle école est fantastique, on y viendra tous les jours !

Mama Zou sourit de toutes ses dents :

– Comme ça, plus de disputes.

On pourra changer l'école de place sans problème !

- Pourquoi faut-il reconstruire l'école ?
- Pourquoi les parents se disputent-ils ?
- Quelle est l'idée de Mama Zou ?
- Que penses-tu de cette idée ?

Menu fille ou menu garçon ?

Thierry Lenain, *Menu fille ou menu garçon ?*, Nathan, 1996.

Un père emmène sa fille manger un hamburger. Dans chaque menu enfant, il y a un cadeau-fille ou un cadeau-garçon. Et la petite fille ressemble beaucoup à un garçon…

Paul Klee, *Captif*, 1940.

– Que désirez-vous ? a demandé la serveuse.
– Pour moi, rien, a répondu papa avec une mine dégoûtée. Pour mon enfant… un menu enfant.

Il avait dit « menu enfant » exprès. Il attendait que la serveuse demande :
– Menu fille ou menu garçon ?
Mais la serveuse n'a rien demandé du tout. Elle a mis une mini-fusée dans ma boîte. Je trouvais que ça tombait bien, et j'ai pensé : « Pourvu que papa ne dise rien. »

Paul Klee, *Issue trouvée*, 1935.

Mais papa a dit :

– C'est une fusée que vous avez mise dans la boîte ?

– Ben oui, a fait la serveuse.

– Et pour quelle raison, s'il vous plaît ?
a demandé papa.

Tout en me regardant, la serveuse a dit :

– Pourquoi, il veut une poupée ?

Aïe, aïe, aïe, j'ai senti venir la catastrophe !

– Ce n'est pas « il », a dit papa en me montrant, c'est « elle ».

La serveuse s'est excusée :

– Pardon, avec ses cheveux courts, j'ai cru que c'était un garçon.

Et elle a enlevé la mini-fusée pour la remplacer par une mini-poupée. Papa, lui, a viré couleur tomate.

Paul Klee, *Ecce*, 1940.

Paul Klee, *Avec des bas verts*, 1939.

Il a demandé :

– C'est… une poupée que vous avez mise dans la boîte ?

– Ben oui, a refait la serveuse.

– Et pour quelle raison, s'il vous plaît ? a redemandé papa.

La serveuse commençait à en avoir marre.

Elle a répondu :

– Parce que vous m'avez dit que votre fille était une fille, et pas un garçon !

Papa s'est mis à crier :

– Évidemment que ma fille est une fille ! Et elle veut une fusée ! Alors donnez-lui une fusée !

La serveuse a fait comme papa, elle a crié :

– Une fusée ! Mais c'est ce que j'avais mis tout à l'heure !

Pour crier plus fort qu'elle, papa a hurlé :

– Tout à l'heure, vous avez mis une fusée parce que vous pensiez que ma fille était un garçon ! Et moi je veux que vous lui donniez une fusée parce que ma fille est une fille qui préfère les fusées !

La serveuse a regardé papa avec des yeux ronds comme des couvercles de gobelet. Elle a murmuré :

– Mais il est complètement cinglé, celui-là…

Derrière nous, il y avait la queue.

Un monsieur a protesté :

– Alors, ça avance ou quoi ? On n'a pas que ça à faire !

La serveuse s'est mise à trembler. Elle a plongé une main dans le sac des fusées, et l'autre dans le sac des poupées. Elle a ressorti cinq ou six jouets de chaque sorte, et elle a tout fourré dans ma boîte avant de la refermer.

– Ça fait vingt-cinq francs, a-t-elle marmonné entre ses dents.

Papa devait penser d'elle ce qu'il pensait des hamburgers. Il a payé, et on a tourné les talons. Le monsieur qui était derrière nous, et qui en avait assez d'attendre, a dit à papa :

– Au revoir… madame !

Là, j'ai senti que ça allait tourner en bagarre générale. D'ailleurs le vigile, qui ressemblait à un boxeur, s'est approché. J'ai vite entraîné papa dehors. De toute façon, il n'y avait plus de raison de rester…

Paul Klee, aquarelle, 1930.

▼ Quel jouet donne la serveuse au début ? Pourquoi ?

▼ Raconte ce qui se passe ensuite.

▼ En fait, pourquoi le père se dispute-t-il avec la serveuse ?

▼ Que penses-tu de chaque personnage ?

La fête de l'école

Claude Gutman, *La Fête de l'école*, « Je commence à lire », Casterman, 1996.

Papa est entré dans ma chambre.
– Il faut que je te parle, Antoine.
Il avait sa voix sérieuse, celle du ciel qui tombe sur la tête.

J'ai serré mon singe en peluche contre moi à mesure que je devenais triste et qu'il me disait que l'année prochaine, je changerais d'école parce qu'on déménageait et qu'il avait gardé le secret pour ne pas me faire de peine.

Karel Appel, *Enfants interrogeant*, 1948.

Je n'ai pas dormi de la nuit, même si j'étais grand, comme avait dit papa. Après-demain, je ne verrais plus mes copains. Et ça, les parents, ils n'ont pas le droit. Mes copains à moi, mes copains pour la rigolade, les histoires, les punitions. Laurent, Dragan, Abdel, Olivier-la-science, Paul-Hugo.
Alors j'ai pris ma décision.

Le lendemain matin, j'ai fait comme si.
J'ai fait un grand sourire à papa, à maman. Et on est partis pour la fête de l'école.
C'était la cohue. Papa m'a acheté un carnet pour la tombola et des carnets pour les jeux.
Il y a eu une annonce pour le spectacle.
Il fallait qu'on se déguise. J'ai fait un signe de la main et je suis parti.
Mais pas où ils croyaient.

j'ai fait comme si : *j'ai fait semblant.*

Je me suis caché dans le train fantôme des CM2. Trois classes toutes noires qu'on devait traverser, poussé dans un Caddie. Et là, ça devait faire peur. J'ai attendu dans un tout petit coin pendant que les maîtres faisaient les derniers préparatifs.

Dans le micro, j'ai entendu qu'on m'appelait. C'était Georgette.
La fête ne pouvait pas commencer sans moi.
Je m'en fichais. Bien fait. Je ne danserais pas sur l'estrade. Et tant mieux s'il se mettait à pleuvoir !
J'étais sûr que tout le monde me cherchait.
Et c'était vrai.

Je ne sais pas comment Georgette m'a trouvé.
Je m'étais fait si petit. Je lui ai tout raconté de la méchanceté de mes parents. Je l'aimais, elle. Pas eux.
Georgette m'a pris dans ses bras. Elle m'a dit que tout le monde avait eu peur. Mais que tout finissait par s'arranger, toujours. Je ne l'ai pas crue.

– Tu sais, Antoine, quand on est grand, il faut savoir changer. D'ailleurs vous allez tous me quitter puisque personne ne redouble ! Et puis l'année prochaine, tu auras d'autres copains.
– Menteuse !
Elle m'a posé devant mes parents.
– Regarde. Ton papa a une caméra. Il va filmer tous tes camarades, la kermesse, et tu auras des souvenirs de nous tous. Tu pourras même venir nous revoir.
– C'est vrai ?
Papa a fait « oui ». Il m'a pris par la main.
Il m'a conduit dans la cour.

Je boudais encore, mais un peu moins.
Le jeu de massacre. Oui, c'est ça que je voulais.

Leonard Freed, photographie.

▼ Pourquoi Antoine est-il si triste ?

▼ Que fait-il ?

▼ Que lui dit sa maîtresse quand elle le trouve ?

▼ Pourquoi est-il moins triste à la fin ?

Le théâtre

Gourmand jusqu'à dix

François Fontaine, *Des sketches à lire et à jouer,* Retz.

Le mangeur – Je veux du raisin.

Le compteur – Ça fait un.

Le mangeur – Une belle cerise au bout de sa queue.

Le compteur – Ça fait deux.

Le mangeur – Quelques jolies noix.

Le compteur – Ça fait trois.

Le mangeur – Une pomme écarlate.

Le compteur – Ça fait quatre.

Le mangeur – Avant de boire, on trinque.

Le compteur – Ça fait cinq.

Le mangeur – Du sirop de cassis.

Le compteur – Ça fait six.

Le mangeur – Une poignée de cacahuètes.

Le compteur – Ça fait sept.

Le mangeur – Une belle tarte bien cuite.

Le compteur – Ça fait huit.

Le mangeur – Dans un plat tout neuf.

Le compteur – Ça fait neuf.

Le mangeur – C'est un vrai délice.

Le compteur – Ça fait dix.

Le mangeur – J'ai trop mangé.

Le compteur – J'ai trop compté.

Le mangeur – Je n'ai plus faim.

Le compteur – Reviens demain !

Maurice Denis,
Noële aux cerises, 1899.

▼ Que font les deux personnages ?
▼ Pourquoi le compteur s'arrête-t-il de compter ?
▼ Pourquoi le mangeur s'arrête-t-il de manger ?

Les pommes sont mûres

François Fontaine, *Des sketches à lire et à jouer*, Retz.

La dame – Bonjour, cher voisin.

Le monsieur – Bonjour, chère voisine.

La dame – Est-ce que vous pouvez me prêter votre échelle ?

Le monsieur – Bien sûr, c'est pour quoi faire ?

La dame – Pour monter dans mon pommier.

Le monsieur – C'est vrai que vos pommes sont bien mûres, il est temps de les cueillir.

La dame – Oh, ce n'est pas pour cueillir mes pommes, c'est pour reprendre la clé que la pie m'a volée.

Le monsieur – La pie vous a volé la clé de votre maison ?

une pie : *un oiseau noir et blanc avec une longue queue.*

La dame – Non, la clé de mon garage.

Le monsieur – Ah, vous voulez ouvrir votre garage ?

La dame – Oui, pour prendre mon échelle.

Le monsieur – Votre échelle, pour quoi faire ?

La dame – Pour monter dans mon pommier.

Le monsieur – Encore ?

La dame – Oui, mes pommes sont mûres,

il est temps de les cueillir…

Gustav Klimt, *Pommier I*, 1912.

▼ Le monsieur propose de prêter son échelle à la dame. Pourquoi ?

▼ Que veut faire la dame avec l'échelle de son voisin ?

▼ Pourquoi veut-elle récupérer la clé ?

Les pirates se carapatent (1)

Ann Rocard, *La Musique adoucit les morses,* Grasset Jeunesse, 1998.

Musique. Les pirates marchent les uns derrière les autres, en rythme, le père en tête. Titi, le plus petit, marche en queue.

Image publicitaire du XXe siècle.

Père – Nous sommes les pirates !

Pirates – Nous sommes les pirates !

Père – Nous n'avons jamais mal aux pattes.

Pirates – Nous n'avons jamais mal aux pattes.

Titi *(lève le doigt)* – Moi, si, papa !

Père *(se retourne)* – Silence, Titi !

Pirates *(se retournent les uns après les autres, et disent :)* – Silence !

Les pirates continuent à marcher (sorte de danse comique).

Père – Nous n'avons peur de rien.

Pirates – Nous n'avons peur de rien.

Père – Pas même des requins.

Pirates – Pas même des requins.

L'île de la tortue,
image publicitaire du XXe siècle.

Titi (*lève le doigt*) – Moi, si, papa !

Père *(se retourne)* – Silence, Titi !

Pirates *(se retournent les uns après les autres, et disent :)*

– Silence !

Père – Où ai-je trouvé un enfant pareil ?

Pirates – Dans une pochette-surprise, papa !

Le père pirate frappe des mains. Musique.

Les pirates continuent de marcher en rythme.

Père – Nous marchons sur le pont…

Pirates – Nous marchons sur le pont…

Père – En ouvrant l'œil… Oui, mais le bon !

(soulève son faux œil en carton).

Pirates – En ouvrant l'œil… Oui, mais le bon !

(font de même).

les pirates font de même : *les pirates font pareil.*

Tous ensemble clignent de l'œil en regardant le public.

▼ Qui sont les personnages ? Où sont-ils ?

▼ Que font-ils ?

▼ Comment les imagines-tu ?

▼ Titi est différent des autres pirates. Pourquoi ?

Les pirates se carapatent (2)

Ann Rocard, *La Musique adoucit les morses*, Grasset Jeunesse, 1998.

Père – Ce matin, leçon de conjugaison *(brandit son sabre d'abordage)*. Répétez tous après moi.

Pirates sauf Titi *(brandissent leurs sabres)* – Oui, papa.

Père *(lève le bras droit)* – Je me bats.

Pirates *(lèvent le bras droit)* – Je me bats.

Titi *(mains vides)* – Pourquoi ne dit-on pas : je me « haut » puisqu'on lève le bras ?

Père – Silence, Titi !

Pirates – Silence ! Ce frère, quel idiot !

Père – Je me bats. Tu te bats. Il se bat.

Pirates *(en mimant)* – Je me bats. Tu te bats. Il se bat.

Père – Nous nous battons.

Pirates *(en mimant)* – Nous nous battons.

Titi *(brandit un bâton)* – Menteurs ! C'est moi qui ai un bâton !

Père – Silence, Titi !

Pirates – Silence !

Père – Vous vous battez.

Pirates – Vous vous battez *(tombent par terre)*.

Titi *(chantonne)* – Ils s'écroulent sur le pont,
sur le pont du bateau…
Moi, je reste debout. Yaouououh !

Gaston Chaissac, *Totem double face*, 1961.

▼ Quel est le sujet de la leçon ?

▼ À ton avis, est-ce que Titi écoute bien la leçon ? Explique ta réponse.

▼ Titi pense qu'il faut dire « Je me haut » à la place de « Je me bats ». Pourquoi ?

▼ Titi dit que ses frères sont des menteurs. Pourquoi ?

Quand le Soleil s'ennuyait

Gérard Moncomble, Michel Piquemal, *Théâtre pour de rire,* Albin Michel, 1998.

le narrateur : *celui qui raconte l'histoire.*

Demi-obscurité sur scène.

Le narrateur

Au début du début, il n'y avait rien du tout.

Un silence qui peut durer longtemps.

Comme vous le voyez, on s'ennuyait énormément.

Silence. Un enfant arrive, et se plante au milieu de la scène, avec une lampe de poche éteinte (ou quoi que ce soit qui puisse produire de la lumière).

Puis il y eut le Soleil.

L'enfant mime le Soleil. Il allume la lampe de poche et éclaire aux quatre coins de la scène. On montre le Soleil qui s'ennuie.

Mais le Soleil s'ennuya bien vite, si seul dans ce grand ciel tout noir. Alors il créa la Lune.

Un autre enfant arrive et mime la Lune, avec lampe ou autre.

Robert Desnos, *Le Soleil et la Lune.*

Hélas la Lune n'était pas très drôle. Le Soleil s'ennuyait toujours. Alors il créa des planètes qu'il appela Mercure, Vénus, Mars, Jupiter, Saturne, Uranus, Pluton et Neptune.

Arrivée de huit enfants qui miment les planètes du système solaire.

Malheureusement ces planètes étaient tristes comme des bonnets de nuit et le Soleil s'ennuyait de plus en plus. Alors, il créa la Terre.

Arrive sur scène un enfant tournoyant sur lui-même et qui se met à tourner autour de toutes les autres planètes sans distinction. Une musique accompagne cette danse.

Enfin quelqu'un qui savait s'amuser ! La Terre dansait, dansait, dansait ! Alors, tout le monde se mit à danser.

Le Soleil, la Lune et les planètes se mettent à danser, eux aussi. La musique augmente de volume. Au début, ça fonctionne, mais bientôt, c'est le désordre total sur scène. Les planètes se bousculent, se rentrent dedans, etc.

un tohu-bohu, un charivari : *un grand désordre.*

Ce fut d'abord une fête joyeuse, puis un joli tohu-bohu et enfin un épouvantable charivari ! Peut-être même la fin du monde !

Le Soleil s'arrête de danser, regarde autour de lui.

Le Soleil s'arrêta de danser et hurla : STOP !

La musique s'arrête. Tout le monde s'arrête.

Puis il réfléchit longtemps. Très longtemps.
Et comme il était très brillant, il trouva la solution.

Le Soleil installe chaque planète à la place qu'elle occupe dans le système solaire, en les nommant à haute voix, puis s'installe au centre. Et toutes les planètes, avec leur éventuel satellite (la Lune autour de la Terre, comme de juste), tournent sur elles-mêmes et autour de lui. Musique.

Et ce spectacle était si extraordinaire que les étoiles arrivèrent des quatre coins du ciel pour le regarder.

Arrivent les étoiles (avec autant de lampes de poche), qui s'installent autour du système solaire, comme un public devant un ballet. Ballet qui s'achève avec la fin de la musique. À ce moment-là, une à une, toutes les lampes de poche s'éteignent.

On dit que c'est depuis ce jour-là que toutes les étoiles, de retour chez elles, se sont mises à danser dans le ciel.

▼ Fais la liste de tous les personnages de cette pièce.
▼ Que fait le Soleil pour ne plus s'ennuyer ?
▼ Que se passe-t-il quand la Terre arrive ?
▼ Comment l'histoire finit-elle ?

Le loup et les trois petits cochons (1)

Ann Rocard, *Un œuf à la toque et 10 autres pièces*, Le Temps apprivoisé, 1996.

Musique.

Narrateur – Bonjour ! Vous connaissez tous la célèbre histoire des trois petits cochons ? Il était une fois… *(met son index devant sa bouche)* Chut ! Regardez plutôt…

Le narrateur disparaît. Musique. Le rideau s'ouvre. Les maisons de paille et de bois sont « par terre ». La maison de pierre est cachée par le rideau de droite. Les trois cochons Paf, Pif et Pouf traversent la salle en dansant. Paf souffle dans sa flûte, Pif agite des clochettes, Pouf joue de l'harmonica.

Paf *(frappe dans ses mains)* – Arrêtez !

Pif et Pouf dansent en jouant de la musique.

Paf – Pif !

Pif *(s'immobilise)* – Oui, Paf ?

Paf – Pouf !

Pouf *(s'immobilise)* – Oui, Paf ?

Paf – Nous devons construire des maisons pour nous mettre à l'abri.

Leslie Brooke, illustration.

Leslie Brooke, illustration.

Pif et Pouf – Pas question !

Paf – Le loup rôde dans le bois voisin.

Pif et Pouf *(rient)* – Le loup ?

Paf – Le méchant loup qui mange les petits cochons.

Pif et Pouf (*chantent et dansent)* – Nous n'avons pas peur des loups ! Ni des choux, ni des hiboux ! Tralala itou !

Paf *(hurle)* – OUOUOUOUH !

Pif et Pouf sautent dans les bras l'un de l'autre en tremblant.

Pif et Pouf – Au secours ! Un loup !

Paf – C'est moi, Paf, votre frère ! Arrêtez de trembler !

Pif et Pouf obéissent.

Paf – Nous devons construire des maisons !

Pif et Pouf – Oui, Paf !

Pouf – Je vais construire une maison de paille.

Paf – Elle ne sera pas solide.

Pouf – Mais si, mais si !

Leslie Brooke, illustration.

Pouf va chercher de la paille, éventuellement chez le marchand de paille.

Pif – Je vais construire une maison de bois.

Paf – Elle ne sera pas solide.

Pif – Mais si, mais si !

Pif va chercher du bois, éventuellement chez le marchand de bois.

Paf – Moi, je vais construire une maison de brique.

Paf va chercher des briques, éventuellement chez le marchand. Musique.
Les trois cochons construisent leurs maisons.
Un accessoiriste lève la maison de paille en tirant sur une ficelle, puis celle de bois. Le rideau de droite s'ouvre et découvre celle de brique.
Pif et Pouf dansent, pendant que Paf finit sa maison.

un accessoiriste : *personne qui s'occupe des décors, au théâtre.*

Pif et Pouf – Nos maisons sont très jolies. Paf, lui, n'a pas fini.

Paf – Dans ma maison, je serai à l'abri du loup. Pas vous !

Pif et Pouf – Mais si, mais si !

Musique inquiétante. Le grand loup traverse la salle lentement.

Paf – J'ai entendu du bruit.

Pif et Pouf – Pas nous, pas nous !

Paf – C'est peut-être le loup...

Pif et Pouf – Tu es fou, tu es fou !

Le loup s'arrête devant la scène. Pif et Pouf le montrent du doigt en tremblant.

Pif et Pouf – Tu n'es pas fou, tu n'es pas fou !

Pif et Pouf sautent dans les bras l'un de l'autre.

Pif et Pouf – Au secours ! Un loup !

Paf – Vite ! Chacun dans sa maison !

Chacun des trois cochons se réfugie dans sa maison.
Le loup monte sur scène.

Leslie Brooke, illustration.

▼ Que propose Paf à ses deux frères ?
▼ Est-ce que Pif et Pouf sont d'accord avec lui ? Pourquoi ?
▼ Pourquoi changent-ils d'avis ?
▼ Quelles différences y a-t-il entre les maisons des trois petits cochons ?

Le loup et les trois petits cochons (2)

Ann Rocard, *Un œuf à la toque et 10 autres pièces,* Le Temps apprivoisé, 1996.

Leslie Brooke, illustration.

Grand Loup – Ah, ah, ah ! J'ai une faim de loup. Je vais manger ces trois petits cochons.

Le loup se dirige vers la maison de paille et frappe à la porte. La tête de Pouf apparaît à la fenêtre ou sur le côté.

Pouf – Qui est là ?

Grand Loup – Moi, le grand loup du bois ! Ouvre la porte immédiatement !

Pouf – Sûrement pas !

Grand Loup *(aux spectateurs)* – Ce minuscule cochon ne connaît pas ma force. Je vais souffler, souffler, souffler et la paille s'envolera.

Musique. Le loup souffle de toutes ses forces. La maison tombe (lâcher le fil de nylon).

Pouf *(tremblant)* – Au secours !

Grand Loup – Ah, ah, ah !

Musique. Le loup poursuit Pouf qui finit par se réfugier dans la maison de bois. Le loup s'arrête et frappe à la porte. La tête de Pif apparaît à la fenêtre.

Pif – Qui est là ?

Grand Loup – Moi, le grand loup du bois ! Ouvre la porte immédiatement !

Pif – Sûrement pas !

Grand Loup (*aux spectateurs*) – Ce minuscule cochon ne connaît pas ma force. Je vais souffler, souffler, souffler et le bois s'envolera.

Musique. Le loup souffle de toutes ses forces. La maison tombe (lâcher le fil de nylon).

Pouf et Pif *(tremblant)* – Au secours !

Grand Loup – Ah, ah, ah !

Musique. Le loup poursuit Pif et Pouf qui finissent par se réfugier dans la maison de brique. Le loup s'arrête et frappe à la porte, derrière laquelle se tient Paf.

Paf – Qui est là ?

Grand Loup – Moi, le grand loup du bois ! Ouvre la porte immédiatement !

Paf – Sûrement pas !

Grand Loup *(aux spectateurs)* – Ce minuscule cochon ne connaît pas ma force. Je vais souffler, souffler, souffler et les briques s'envoleront.

Pif et Pouf *(tremblant)* – Il va souffler, souffler, souffler…

Paf – Chut !

Musique. Le loup souffle de toutes ses forces.

Grand Loup *(essoufflé)* – Cette maison est plus solide que les deux autres. Je vais taper, taper, taper et les briques tomberont.

Pif et Pouf – Il va taper, taper, taper…

Paf – Chut !

Musique. Le loup fait semblant de donner des coups de pied et de poing dans la maison.

Grand Loup – Aïe ! Ouille ! *(tombe à la renverse)* Je vais grimper sur le toit et passer par la cheminée.

Paf – Préparons vite un grand feu.

Musique. Le loup disparaît derrière la maison. Les cochons placent des branches dans la cheminée et allument des lampes de poche recouvertes de papier crépon rouge. Le loup apparaît derrière le « feu ».

Grand Loup *(hurle)* – AAAAAAAAAAAAH ! Ça brûle ! Au feu ! Au feu !

Le loup sort de la cheminée, fait le tour de la maison et réapparaît sur la scène. Il traverse la salle en hurlant.

Grand Loup – AAAAAAAAAAAH ! Ouille, ouille, ouille…

Le loup disparaît. Les trois cochons chantent et dansent.

Paf, Pif et Pouf – C'était le grand loup du bois…

On ne le reverra pas ! Tralala, bon débarras !

Musique. Le rideau se ferme. Cacher la maison de brique et ôter les éléments qui traînent (paille, branches, brouettes, etc.).

Leslie Brooke, illustration.

▼ Qui est le nouveau personnage ? Que veut-il ?

▼ Que fait-il ?

▼ Que font Pif et Pouf ?

▼ Comment l'histoire se finit-elle ?

Les poésies

Le loup

Marie Tenaille, in *Comptines parlées et chantées,* « Fleurus Idées », Fleurus.

Au fond du couloir
Le loup se prépare
Il met ses bottes noires…

Qui a peur du loup ?
Pas nous !…

Félix Lorioux, illustration, 1949.

Au fond du couloir
Le loup se prépare
Il prend son mouchoir…

Qui a peur du loup ?
Pas nous !…

Du fond du couloir
Le loup vient nous voir
À pas de loup noir…

Qui a peur du loup ?
C'est nous !…
Sauvons-nous !

Voulez-vous des pommes d'api ?

Comptine flamande, in *Les Comptines de langue française,* Seghers.

Voulez-vous des pommes d'api,
D'api, d'api rouges ?
Voulez-vous des beaux tapis,
Tapis, tapis gris ?
Tapis ta, tapis ta, tapis, tapis rouges !
Tapis ta, tapis ta, tapis, tapis gris !

Gustave Courbet, genre de *Trois Pommes rouges.*

Le crapaud

Poème haïtien, in *Poésies, Comptines et Chansons pour les animaux*, Gallimard Jeunesse.

Crapaud, s'il te plaît,
va au marché !
J'ai mal au pied.
Crapaud, s'il te plaît,
écosse les pois !
J'ai mal au bras.
Crapaud, s'il te plaît,
lave les assiettes !
J'ai mal à la tête.
Crapaud, s'il te plaît,
allume le feu !
J'ai mal aux yeux.
Crapaud, s'il te plaît,
surveille le fourneau !
J'ai mal au dos.

Crapaud, s'il te plaît,
coupe le pain !
J'ai mal à la main.
Crapaud, dresse la table
pour le dîner !
J'ai mal au nez.
Viens manger, Crapaud,
la soupe est servie !
J'essaierai, pour vous faire
plaisir, mon amie.

Crapaud, gravure du XIXe siècle.

La lune

Alfred de Musset, *Ballade à la lune*, in *Contes d'Espagne et d'Italie.*

Edvard Munch, *Clair de lune*, 1895.

C'était, dans la nuit brune,
Sur le clocher jauni,
La lune
Comme un point sur un i.

Le chat et le soleil

Maurice Carême, in *La Lanterne magique,* Fondation Maurice Carême.

Le chat ouvrit les yeux,
Le soleil y entra.
Le chat ferma les yeux,
Le soleil y resta.

Voilà pourquoi le soir,
Quand le chat se réveille,
J'aperçois dans le noir
Deux morceaux de soleil.

Le Chat de Kazan, gravure russe de la fin du XVIIe siècle.

Do Ré Mi Fa Chol

Pierre Coran, in *Comptines pour ne pas chuinter*, Casterman.

Do
Ré
Mi
Fa
Chol
La
Chi
Do
Chuinte une chouette
Qui chante haut.

Do
Chi
La
Chol
Fa
Mi
Ré
Do
Chuinte une chouette
Qui chante faux
Dans la chorale des oiseaux.

Pablo Picasso, *Chouette*, tomette découpée et décorée.

Une histoire à suivre

Claude Roy, *Farandoles et Fariboles*, © Claude Roy, Loleh Bellon.

Après tout ce blanc vient le vert,
Le printemps vient après l'hiver.

Après le grand froid le soleil,
Après la neige vient le nid,

Après le noir vient le réveil,
L'histoire n'est jamais finie.

Après tout ce blanc vient le vert,
Le printemps vient après l'hiver,

Et après la pluie le beau temps.

Georges Seurat, *Lisière des bois du printemps*, vers 1882-1883.

Soir d'été

Georges Jean, *Écrit sur la page,* Gallimard Jeunesse.

Eugène Delacroix, *Paysage d'été au soleil couchant,* vers 1818-1822.

Soir d'été,
Rien ne bouge,
Le ciel rouge,
Est posé
Sur le toit
Des maisons.

Et je vois,
Une à une,
S'allumer
Les étoiles ;
Et la lune
Se lever
De la ligne
Que dessine
L'horizon.

L'automne

Maurice Carême, in *La Lanterne magique,* Fondation Maurice Carême.

Maxime Maufra, *Les Bords du Blavet.*

L'automne au coin du bois,
Joue de l'harmonica.
Quelle joie chez les feuilles !
Elles valsent au bras
Du vent qui les emporte.
On dit qu'elles sont mortes,
Mais personne n'y croit.
L'automne au coin du bois,
Joue de l'harmonica.

La neige

Pernette Chaponnière, in *L'Écharpe d'Iris,* Hachette Jeunesse.

Regardez la neige qui danse
Derrière le carreau fermé.
Qui là-haut peut bien s'amuser
À déchirer le ciel immense
En petits morceaux de papier ?

Hiroshige Fude, *Neige sur le pont de Taiko de Meguro.*

Enfanuage

Claude Roy, in *La Cour de récréation,* Gallimard.

Eugène Delacroix, *Étude du ciel nuageux*, vers 1824-1826.

Dans le ciel si bleu
que ce n'est pas permis
que fait le nuage blanc
qui flotte tout seul ?
Le soleil joue-t-il au ballon
avec une bulle d'écume ?
Avec la paille des moissons ?
L'été souffle-t-il
des bulles de savon ?

Mais le petit nuage
ne se fait pas de bile.
Il glisse tout blanc
dans le ciel tout bleu,
malin et léger,
il va sifflotant,
les mains dans ses poches
sans avoir de mains,
sans avoir de poches.

Le bonheur

Paul Fort, in *Ballades françaises,* Flammarion.

Le bonheur est dans le pré. Cours-y vite, cours-y vite.
Le bonheur est dans le pré, cours-y vite. Il va filer.
Si tu veux le rattraper, cours-y vite, cours-y vite.
Si tu veux le rattraper, cours-y vite. Il va filer.

Bernard Boutet de Monvel, illustration.

Les enfants

Pierre Gamarra, in *Il était une fois, les enfants…*, © Pierre Gamarra.

Les enfants sont en soie, les enfants sont en laine,
les enfants sont en sucre fin.
Caroline, Marjolaine,
Frédéric, Delphin.

Les enfants sont de blé, les enfants sont d'avoine,
d'orge, de riz ou de maïs.
Pierre, Paul, Antoine,
Marie, Anaïs.

Les enfants sont de feu, les enfants sont de braise,
de soleil, de ciel et d'azur.
Corinne, Suzette, Arthur,
Sylvette, Thérèse.

Les enfants sont de chair, les enfants sont de sang,
de tendresse et de patience,
d'amour, de souvenance,
Margot et Laurence,
Denis et Vincent.

Gertrude Käsebier, *Happy Days*, 1905.

Au loin

Proverbe tibétain, in *La Cour Couleurs*, Rue du monde.

Art du Tibet, *Un des grands lamas de Tachi-Lumpo*, détails.

J'ai regardé au loin
J'ai vu quelque chose qui bougeait
Je me suis approché
J'ai vu un animal
Je me suis encore approché
J'ai vu un homme
Je me suis encore approché
Et j'ai vu que c'était mon frère.

L'âne

Francis Jammes, in *De l'angélus de l'aube à l'angélus du soir,* Mercure de France.

J'aime l'âne si doux
Marchant le long des houx.

Il prend garde aux abeilles
Et bouge ses oreilles.

Il va près des fossés
D'un petit pas cassé.

Il réfléchit toujours
Ses yeux sont de velours.

Il est l'âne si doux
Marchant le long des houx.

Joan Miró, *Le Potager à l'âne*, 1918.

Les documentaires

L'hirondelle des cheminées

Suzanne Riha, *Mon premier guide des oiseaux*, Milan.

ailés : *qui ont des ailes.*

la glaise : *la terre.*

Longueur : 19 cm. Poids : 20 g.
Nourriture : insectes ailés, libellules, papillons.

À l'automne, les hirondelles se regroupent sur les fils pour le grand départ.
Elles passent l'hiver en Afrique, puis reviennent fin mars.
Sous les toits, l'hirondelle construit son nid avec de la glaise et de l'herbe.

▼ Quelle est la taille des hirondelles ? Quel est leur poids ?
▼ Que mangent-elles ?
▼ Quand partent-elles en Afrique ? À ton avis, pourquoi ?
▼ Où trouve-t-on leurs nids ? Avec quoi les construisent-elles ?

John Gould et Élizabeth Gould, *Hirondelles des cheminées*, illustration, 1837.

Le trois-mâts

Hélène Percy, *Bateaux,* Les Livres du Dragon d'or.

Avez-vous remarqué comment a été peint
ce trois-mâts ?
Avec des centaines et des centaines
de petits points de couleur,
mis les uns à côté des autres.

▼ Explique avec tes mots comment le bateau est peint.

Paul Signac, *Trois-mâts jaune*, 1931.

Bien manger

Françoise Detay-Lanzmann/Nicole Hibert, *Le Corps et la Santé*, Mango.

Pour grandir et être en bonne santé, il nous faut boire et manger plusieurs fois par jour une nourriture variée qui apporte au corps tout ce dont il a besoin pour fonctionner normalement.

variée : *avec des aliments différents.*

Pour développer notre corps et nos muscles, nous avons besoin de viande, de poisson et d'œufs.

Les laitages, comme le lait, les yaourts et les fromages, fortifient les os et les dents.

Le pain, les céréales, les pommes de terre nous donnent de l'énergie.

l'énergie : *la force.*

Les fruits et les légumes nous apportent des vitamines qui nous défendent contre les microbes.

ıblicité pour le *Bon Marché*, gravure, fin du XIXe siècle.

▼ Que faut-il faire pour grandir et être en bonne santé ?
▼ À quoi sert la viande ? Le pain ? Le lait ? Les fruits ?
▼ Imagine un menu équilibré en prenant un aliment dans chaque catégorie.

Les dents

Docteur Catherine Dolto, *Comment ça va la santé ?*, Hachette.

Dents de lait

Les premières dents apparaissent entre 4 mois et 1 an. Ce sont les dents de lait. On voit sortir, dans l'ordre, les incisives inférieures, les incisives supérieures, les canines et enfin les molaires.

Les incisives servent à couper la nourriture, les canines à la déchiqueter et les molaires la réduisent en bouillie. Vers l'âge de deux ans et demi, les vingt dents de lait sont sorties et elles vont rester là quelques années, pendant que les dents définitives se préparent en cachette.

les dents apparaissent : *les dents poussent, sortent.*

définitives : *que l'on a pour toujours.*

Dents de sagesse

Vers 8 ou 9 ans, les dents de lait tombent et les autres, celles qui durent toute la vie, poussent. À 12 ans, on a toutes ses dents. Les dents de sagesse qui sont tout au fond de la mâchoire peuvent pousser jusqu'à l'âge de 40 ans. Mais on n'est jamais sûr d'être assez sage pour les mériter et certains n'en ont pas !

la mâchoire : *les os de la bouche où les dents sont plantées.*

Donald Brun, affiche, 1947.

▼ À quel âge poussent les premières dents ? Comment les appelle-t-on ?

▼ Cite les quatre sortes de dents. À quoi sert chacune d'elles ?

▼ Qu'est-ce que les dents de sagesse ?

Les animaux préhistoriques

Catherine Le Troquier/Nicole Claveloux, *Bizarre mais vrai !, Animaux disparus*, Hachette Jeunesse.

Le diplodocus

Le diplodocus est l'un des plus longs animaux qui aient existé : 30 mètres de long ! Un cou de 14 mètres pour brouter dans les arbres géants, une toute petite tête et une queue de 7 mètres ! Ce poids plume pesait 25 tonnes, autant que quatre éléphants ! Il vivait il y a 150 millions d'années.

Le tyrannosaure

C'est le plus effrayant, le plus épouvantable de tous les dinosaures : il mesurait 6 mètres de haut, 15 mètres de long, et pesait 7 tonnes ! Il avait une énorme tête, une mâchoire gigantesque avec des dents de 15 centimètres ! Il existait il y a 135 millions d'années, bien avant l'apparition de l'homme sur la Terre. Ouf !...

gigantesque : *très grande.*

Un laelaps attaquant un brontosaure, gravure d'après un tableau de W. Kuhnert.

▼ Décris avec tes mots le diplodocus et le tyrannosaure.

▼ Quel animal est le plus long ? Le plus lourd ?

▼ Est-ce que les premiers hommes ont pu voir ces animaux ?

Depuis quand mange-t-on avec une fourchette ?

À la maison, « Dis-moi pourquoi, Babar », Hachette Jeunesse.

Voilà plusieurs siècles que nous mangeons avec une fourchette. Avant qu'elle ne soit inventée, on prenait la nourriture avec ses doigts.

Ce sont les habitants d'une ville italienne appelée Venise qui, au Moyen Âge, ont inventé la fourchette. Ils ont eu l'idée de fabriquer un ustensile avec deux pointes pour piquer la nourriture et la porter à la bouche.

un ustensile : *un objet.*

La fourchette n'est apparue en France qu'au XVIe siècle ! Le roi Henri III découvrit son utilisation lors d'une visite à Venise.
Enchanté par cette manière plus propre de manger, il la rapporta dans son royaume.

enchanté : *très content.*

Aujourd'hui, les fourchettes ont changé.
Elles n'ont plus deux pointes, mais quatre.

Babar, illustration de Jean-Claude Gibert, d'après les personnages créés par Jean et Laurent de Brunhoff.

▼ Qui a inventé la première fourchette ?
▼ Qui a apporté la fourchette en France ?
▼ Dessine la première fourchette.

Comment les abeilles font-elles du miel ?

La Ferme et le Jardin, « Dis-moi pourquoi, Babar », Hachette Jeunesse.

Pour faire du miel, les abeilles vont chercher du pollen et du nectar sur les fleurs. Elles « butinent ».

Tu as sûrement déjà vu une abeille butiner les fleurs. Elle se pose sur les étamines et ramasse du pollen sur son dos et ses pattes.

Ensuite elle se pose dans les pétales et elle avale le « nectar », un liquide sucré que fabriquent les fleurs et dont elle est friande.

Dans le ventre de l'abeille, le nectar se transforme petit à petit en miel.
Elle revient à la ruche et fait alors sortir le miel de son ventre. Elle le dépose dans de petites niches appelées « alvéoles », qui lui servent de garde-manger.

Lorsque tu dégustes une délicieuse tartine de miel, souviens-toi de la petite abeille si travailleuse qui a butiné pour le fabriquer !

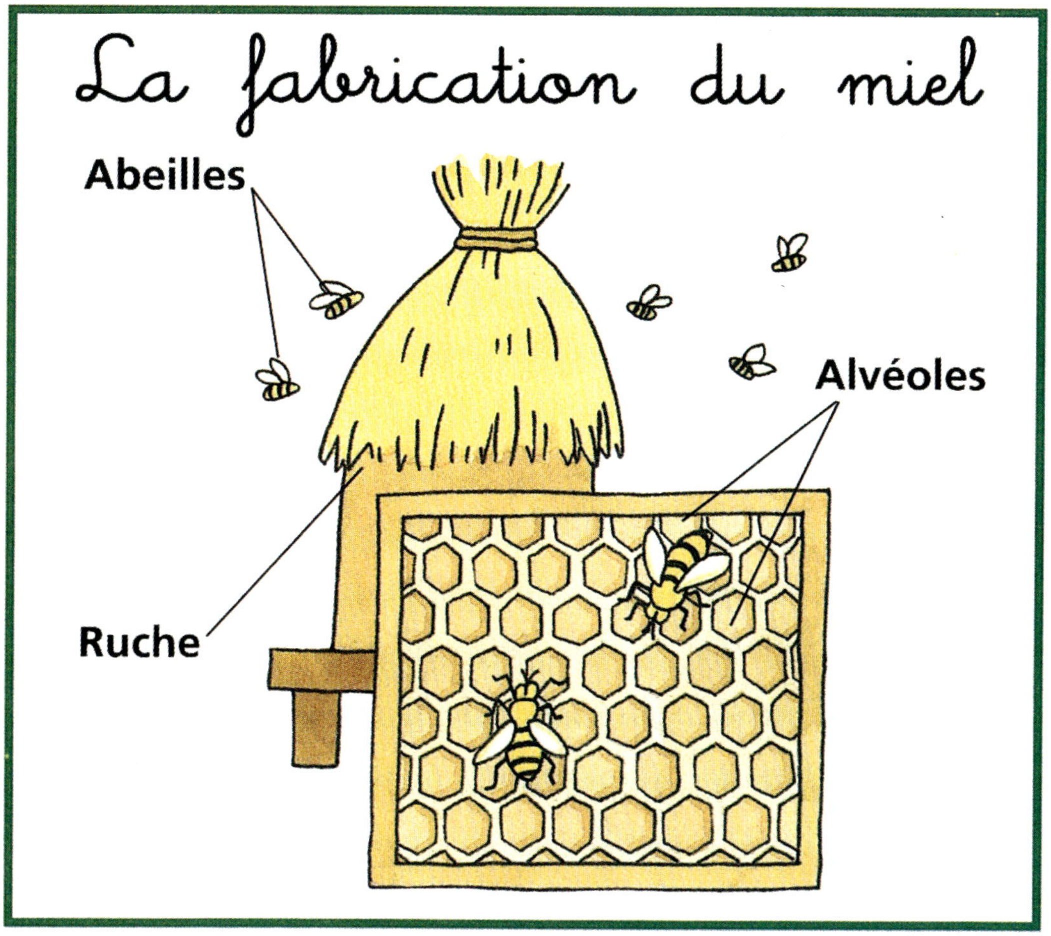

Babar, illustration de Jean-Claude Gibert, d'après les personnages créés par Jean et Laurent de Brunhoff.

▼ Qui fabrique le miel ?
▼ Que font les abeilles quand elles butinent ?
▼ Que devient le nectar dans leur ventre ?
▼ Que font les abeilles en rentrant à la ruche ?

Le Soleil et la Lune

Claude-Catherine Ragache, *Le Soleil et la Lune,* « Mes premières légendes », Hachette Jeunesse.

Il fait plus chaud quand le Soleil brille. Pourquoi ?

Le Soleil est une étoile, c'est-à-dire une énorme boule de gaz en feu. Comme une lampe allumée, il envoie sur la Terre de la lumière et de la chaleur. Quand des nuages se trouvent entre le Soleil et la Terre, il fait un peu moins chaud.

Pourquoi voit-on la Lune seulement la nuit ?

Le jour, le Soleil nous éblouit et nous empêche de bien voir la Lune. Pourtant, en regardant attentivement le ciel, on l'aperçoit parfois, mais pâle et blanche. Au contraire la nuit, la Lune, éclairée par le Soleil, est nettement visible sur le fond sombre du ciel.

le Soleil éblouit : *le Soleil envoie une lumière très forte.*

Où se trouve le Soleil pendant la nuit ?

Le Soleil ne bouge pas, c'est la Terre qui tourne autour de lui. La Terre est une grosse boule qui tourne aussi sur elle-même comme une toupie. La nuit, le côté de la Terre où nous habitons ne reçoit plus sa lumière. Mais pour les gens qui habitent de l'autre côté, c'est le jour. Chacun son tour !

Pourquoi la Lune change-t-elle de forme ?

La Lune ne change pas de forme : comme la Terre elle ressemble à une grosse boule. Mais nous ne voyons que sa partie éclairée par le Soleil. Et comme elle change de place dans le ciel, le Soleil ne l'éclaire pas toujours de la même façon.

Qu'est-ce que la pleine Lune ?

Lorsque le Soleil éclaire la face de la Lune qui regarde vers la Terre, nous la voyons ronde comme un disque : c'est la « pleine Lune ».

la face : *le côté.*

Lune, dernier quartier.

Lune, premier quartier.

Pourquoi la Lune ressemble-t-elle parfois à un croissant ?

Lorsque le Soleil éclaire seulement un côté de la Lune, elle ressemble à un croissant : c'est un « quartier de Lune ». Et, parfois nous ne voyons plus du tout la Lune, car le Soleil éclaire l'autre face, invisible depuis la Terre.

Quel est celui des deux qui est le plus loin de la Terre : le Soleil ou la Lune ?

Le Soleil est beaucoup plus loin de la Terre que la Lune. À la même vitesse, une fusée qui mettrait un jour pour aller jusqu'à la Lune volerait pendant 404 jours avant d'atteindre le Soleil, c'est-à-dire plus d'un an !

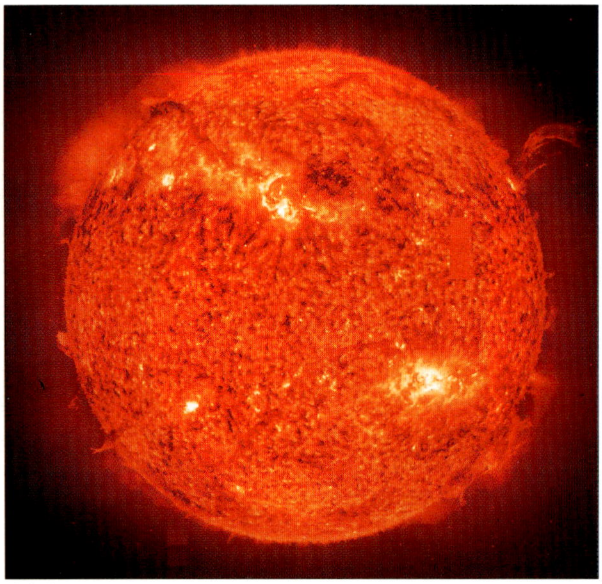

Soleil.

Pleine Lune.

Le Soleil et la Lune sont-ils plus gros que la Terre ?

La Lune est la plus petite des trois. La Terre est trois fois et demie plus grosse que la Lune, et le Soleil plus de 400 fois plus gros que la Lune.

Si un tunnel les traversait complètement en passant par le centre, en marchant normalement sans s'arrêter, il faudrait un peu plus d'un mois pour traverser la Lune, environ quatre mois pour traverser la Terre, et presque 40 ans pour traverser le Soleil !

Y a-t-il des hommes sur la Lune ?

Non, car sur la Lune il n'y a pas d'air et nous ne pourrions pas y respirer. Les astronautes qui s'y sont posés portaient des casques et des vêtements spéciaux et respiraient à l'aide de bouteilles comme des plongeurs.

- Qu'est-ce que le Soleil ? De quoi est-il fait ?
- Explique pourquoi il fait jour et pourquoi il fait nuit.
- Pourquoi la Lune ressemble-t-elle parfois à un disque et parfois à un croissant ?
- Compare la Lune et le Soleil. Lequel est le plus gros ? Lequel est le plus loin de la Terre ?
- Pourquoi les hommes ne vivent-ils pas sur la Lune ?

Les contes

Chanson pour planter le riz

Luda, *365 Contes de gourmandises,* Hatier, 1989.

Le riz et l'eau vont toujours ensemble,
L'eau et le riz sont de grands amis !

Le riz se sème dans l'eau,
Il pousse dans l'eau,
Se repique dans l'eau,
Il mûrit dans l'eau,
Se récolte dans l'eau
Et il cuit dans l'eau.

Comme le riz et l'eau, nous vivons tous ensemble.
Comme l'eau et le riz, nous sommes tous amis !

Rémy Chauvière, *Rizière en Asie.*

▼ Pourquoi l'eau et le riz sont-ils des amis ?
▼ Pourquoi les hommes sont-ils comme le riz et l'eau ?
▼ À ton avis, qui chante cette chanson ?

Le gros radis noir

Mille Ans de contes, tome II, Milan, 1991.

Félicien, le vieux jardinier, était très content de son jardin. Il y poussait des haricots, des carottes, des pommes de terre, des tomates et des radis. Un jour, comme il arrosait son jardin, Félicien remarqua un radis qui était beaucoup plus gros que les autres. Le lendemain, le radis était encore plus gros et, finalement, il devint le plus gros des plus gros radis du jardin.

Félicien se dit : « Je vais l'arracher. »
Il tire, il tire, il tire,
Le radis ne bouge pas.

Le vieux jardinier va chercher sa femme Félicienne.
Félicienne tire Félicien
Félicien tire
Le plus gros des plus gros radis du jardin.
Ils tirent, ils tirent, ils tirent…
Le radis ne bouge pas.

Félicienne va chercher son petit-fils Jules
Jules tire Félicienne
Félicienne tire Félicien
Félicien tire
Le plus gros des plus gros radis du jardin.
Ils tirent, ils tirent, ils tirent…
Le radis ne bouge pas.

Jules va chercher sa petite sœur Juliette.
Juliette tire Jules
Jules tire Félicienne
Félicienne tire Félicien
Félicien tire
Le plus gros des plus gros radis du jardin.
Ils tirent, ils tirent, ils tirent…
Le radis ne bouge pas.

Juliette va chercher le chien.
Le chien tire Juliette par la robe
Juliette tire Jules
Jules tire Félicienne
Félicienne tire Félicien
Félicien tire

Kasimir Malevitch, *La Femme au rateau*, vers 1928-1932.

Le plus gros des plus gros radis du jardin.
Ils tirent, ils tirent, ils tirent…
Le radis ne bouge pas.

Le chien va chercher le chat.
Le chat tire le chien par la queue.
Le chien tire Juliette par la robe
Juliette tire Jules
Jules tire Félicienne
Félicienne tire Félicien
Félicien tire
Le plus gros des plus gros radis du jardin.
Ils tirent, ils tirent, ils tirent…
Si fort qu'ils arrachent le radis.

Et ils sont tous tombés par terre !

- Que se dit Félicien au début du conte ?
- Qui va-t-il chercher pour l'aider ?
- Que se passe-t-il ensuite ?
- Comment l'histoire se termine-t-elle ?

Greli-grelot !

Bernard Briais, *Les Mots magiques,* « Mes premières légendes », Hachette Jeunesse.

« Greli-grelot, gentille marmotte,
Greli-grelot, sors de ta grotte. »

Quand Yahoya, la petite Indienne, fredonnait sa chanson magique, ses amies les marmottes venaient la retrouver. Elle leur parlait, jouait avec elles, les caressait…

Un soir d'hiver, Yahoya ramassait du bois mort dans la forêt quand un grand loup l'aperçut.
Il se précipita sur elle en grondant et l'emmena dans sa tanière.

la tanière : *l'endroit où habite le loup.*

Le lendemain, tout en pleurant, Yahoya entonna sa chanson magique :

« Greli-grelot, gentille marmotte,
Greli-grelot, sors de ta grotte. »

Les marmottes dorment l'hiver. Pourtant, les paroles de la fillette réveillèrent ses amies.
Malgré le froid et la neige, les marmottes accoururent à son aide par milliers.

Cerné de tous côtés, le loup s'enfuit vers le Grand Nord.

Yahoya remercia les marmottes qui regagnèrent leurs abris et se rendormirent jusqu'au printemps.

cerné : *entouré.*

Jeune Indienne des États-Unis, photographie.

▼ Quelle est la chanson magique de Yahoya, la petite Indienne ?

▼ Que se passe-t-il quand elle chante cette chanson ?

▼ Qu'arrive-t-il à Yahoya un soir d'hiver ?

▼ Qui vient la sauver ? Pourquoi ?

Pourquoi Putois sent mauvais

Muriel Bloch, *365 Contes des pourquoi et des comment,* « Giboulées », Gallimard Jeunesse, 1997.

au désespoir :
très tristes.

Les animaux sont au désespoir.
Que faire au sujet de Putois ?
Putois dit des mensonges ; il dit beaucoup de mensonges.

Putois dit : « J'ai vingt enfants. »
Les animaux découvrent qu'il n'a qu'un seul enfant.

Putois dit : « Je vole fort bien. »
Les animaux découvrent que, où qu'il aille,
il y va en marchant.

Putois dit : « Je vis dans un arbre. »
Les animaux découvrent que Putois vit dans un trou dans le sol.

Les animaux en ont assez !

Ils vont trouver Lune.
Les animaux disent : « Lune, que faut-il faire au sujet de Putois ?
Il dit tant de mensonges ! »

Lune dit : « Je vais donner une leçon à Putois.
Chaque fois qu'il dira un mensonge, il sentira mauvais. »

Plus jamais Putois ne dit tant de mensonges.
Il n'y a que quand quelqu'un essaie d'attraper Putois et qu'il dit : « Ha ! Ha ! Je n'ai pas peur », qu'il commence à sentir mauvais.

Buffon, illustration, 1866.

▼ Putois a un gros défaut. Lequel ?
▼ Que font les autres animaux ?
▼ Que décide la Lune ?
▼ Explique avec tes mots pourquoi le putois sent mauvais.

Il y avait un vieux avec ses fils…

Gérard Meyer, *Contes du pays Malinké*, Karthala, 1987.

Voici ce que j'ai vu :
ce n'est pas aujourd'hui que le monde
a commencé,
ce n'est pas aujourd'hui qu'il va finir.

Fixé sous verre, Sénégal.

Il y avait un vieux avec ses fils.
Il avait dix fils.
Il prit dix brindilles et les attacha
ensemble.
Il donna ces brindilles à l'un de ses fils,
il lui dit : « Brise-les. »
Le fils ne put les briser.
Alors il sépara les brindilles,
il en donna une à chacun.
Chacun put briser sa brindille.

Alors le vieux leur dit :
« Si vous êtes séparés
vous voyez qu'on peut vous briser,
mais si vous êtes unis
personne ne pourra rien contre vous. »

C'est cela que j'ai vu.

brise-les : *casse-les.*

▼ Qui sont les personnages ?
▼ Que fait le père d'abord ? Que se passe-t-il ?
▼ Que fait-il ensuite ? Que se passe-t-il ?
▼ Que veut-il apprendre à ses enfants ?

Maman Lièvre et ses petits

Margaret Mayo, *Le Singe très malin et autres histoires d'animaux*, Albin Michel Jeunesse, 1994.

Maman Lièvre est très en colère : l'éléphant et l'hippopotame ont fait peur à ses enfants. Elle décide de les punir tous les deux.

Elle dit : « Gros éléphant, aujourd'hui, tu as fait peur à mes enfants.
Promets-moi de ne jamais, jamais recommencer ! »
L'éléphant agita sa trompe et barrit :
« Je suis très fort, je suis très grand !
Je fais ce que je veux, tout le temps ! »

l'éléphant barrit : *l'éléphant cria.*

« Tu t'imagines peut-être que tu es fort, gros éléphant, dit Maman Lièvre. Mais… si je veux, je peux te faire sortir de la forêt et te tirer vers la rivière !
– Ho ! J'aimerais voir ça ! dit l'éléphant.
– Eh bien ! laisse-moi t'attacher cette corde autour du cou, et je vais te montrer qui est le plus fort », dit Maman Lièvre.

L'éléphant s'agenouilla, et Maman Lièvre noua un bout de la longue corde autour de son cou.
« Maintenant, tu vas attendre que je crie 'Tire !', dit-elle. Et tu tireras de toutes tes forces. »

Elle repartit en gambadant. Elle arriva à la rivière où elle trouva l'hippopotame, qui pataugeait dans un fond d'eau.

Elle dit : « Gros hippopotame, aujourd'hui, tu as fait peur à mes enfants.
Promets-moi de ne jamais, jamais recommencer ! »
L'hippopotame ouvrit son énorme bouche et mugit :
« Je suis très fort, je suis très grand !
Je fais ce que je veux, tout le temps ! »

« Tu t'imagines peut-être que tu es fort, gros hippopotame, dit Maman Lièvre. Mais… si je veux, je peux te faire sortir de la rivière et te tirer vers la forêt !
– Ho ! J'aimerais voir ça ! dit l'hippopotame.

l'hippopotame mugit :
l'hippopotame cria.

Art naïf africain.

C. Harinda, *Scène de village*, détail, Art naïf de Tanzanie.

– Eh bien ! laisse-moi t'attacher cette corde autour du cou, et je vais te montrer qui est le plus fort », dit Maman Lièvre.
L'hippopotame s'approcha du bord, et Maman Lièvre se pencha pour nouer l'autre bout de la longue corde autour de son cou.
« Maintenant, tu vas attendre que je crie 'Tire !', dit-elle. Et tu tireras de toutes tes forces. »

Elle repartit dans la forêt en gambadant.
Quand elle fut dans un endroit où ni l'éléphant, ni l'hippopotame ne pouvaient la voir, elle cria : « Tire ! »

La corde se tendit… et le tir à la corde commença. À un bout, l'éléphant tira et retira. À l'autre bout, l'hippopotame tira et retira. L'éléphant donna une bonne secousse et l'hippopotame avança d'un seul coup. L'hippopotame planta ses pattes dans la boue de la rivière, donna une forte secousse et traîna l'éléphant en avant. Ils se déplacèrent ainsi, d'avant en arrière, d'arrière en avant… et ils se fatiguèrent et ils s'affaiblirent… jusqu'à ce qu'ils n'aient plus de force du tout.

Le soir approchait quand Maman Lièvre dit : « Il est temps d'en finir avec ce tir à la corde ! » Elle ramassa un caillou pointu, le frotta contre la corde, et CHLACK ! la corde se rompit.
L'éléphant tomba BADABOUM ! sur sa petite queue, les quatre pattes en l'air.
L'hippopotame tomba PLOUF ! dans l'eau boueuse.
Et que fit Maman Lièvre ? Elle retourna dans la forêt en gambadant.

la corde se rompit :
la corde se cassa.

Quand elle vit l'éléphant, elle dit : « J'ai l'impression que nous sommes aussi forts l'un que l'autre. Promets-moi donc, gros éléphant, de ne plus *jamais, jamais* faire peur à mes enfants !

– Je te le promets », murmura l'éléphant. Il était si fatigué qu'il avait du mal à parler.
Puis Maman Lièvre détacha la corde nouée autour de son cou, et retourna vers la rivière en gambadant.

Quand elle vit l'hippopotame, elle dit : « J'ai l'impression que nous sommes aussi forts l'un que l'autre. Promets-moi donc, gros hippopotame, de ne plus *jamais, jamais* faire peur à mes enfants !
– Je te le promets », murmura l'hippopotame.
Lui aussi était si fatigué qu'il avait du mal à parler.
Puis Maman Lièvre détacha la corde nouée autour de son cou, et retourna chez elle où l'attendaient ses enfants.

Depuis, quand l'éléphant et l'hippopotame croisent les petits de Maman Lièvre sur le sentier, ils marchent sur la pointe des pieds, parlent tout doucement et sont toujours très polis.

- Pourquoi Maman Lièvre est-elle en colère ?
- Que fait-elle avec sa corde ?
- Que font l'éléphant et l'hippopotame pendant toute la journée ?
- Savent-ils qui est à l'autre bout de la corde ? Explique ta réponse.
- Est-ce que Maman Lièvre a réussi ? Explique ta réponse.

À la recherche du Soleil

Art Inca, *Inti le dieu Soleil.*

Claude-Catherine Ragache, *Le Soleil et la Lune,* « Mes premières légendes », Hachette Jeunesse, 1995.

Les habitants de la Terre étaient tristes.
Jefa, le Soleil, prisonnier du dieu du Ciel, ne brillait jamais pour eux.
Il faisait toujours sombre, et les enfants ne jouaient pas, les femmes ne chantaient pas, les hommes ne dansaient pas.
Bien sûr, les poissons des profondeurs ou les oiseaux de la nuit préféraient l'obscurité.
Mais les papillons multicolores, les abeilles amies des fleurs et les oiseaux du jour étaient très malheureux.

C'est pourquoi Nkombé l'épervier, roi des oiseaux, décida un jour d'aller chercher le Soleil chez le dieu du Ciel.
« Je t'accompagne ! proposa Lontsingo, la mouche dorée. Je suis petite, mais je peux t'aider… »
Nkombé et Lontsingo s'envolèrent donc vers les nuages.

Le voyage fut bien long, surtout pour Lontsingo la petite mouche dorée, qui fut vite étourdie par l'altitude.
« Accroche-toi à mes plumes ! » lui criait Nkombé quand elle était trop fatiguée.

Enfin, tous deux parvinrent chez le dieu du Ciel. C'était un vieux dieu méchant et rusé.
« Je veux bien te donner Jefa le Soleil... À condition que tu le trouves toi-même ! » dit-il à Nkombé en ricanant. « Voici trois paquets : Jefa est dans l'un d'eux. Désigne le bon paquet du premier coup, et le Soleil sera à toi. Attention, si tu te trompes, jamais tu ne reverras la Terre ! »

Le premier paquet brillait comme de l'or,
le deuxième luisait comme de l'argent,
le troisième était gris et terne comme de la boue.

« Assurément Jefa le Soleil se trouve dans le paquet doré ! » se dit Nkombé, et il tendit le bec pour le prendre.
« Malheureux ! » murmura la mouche Lontsingo, cachée sous l'aile de son ami. « J'ai épié le dieu quand il a préparé les paquets.

Personne ne fait attention à une mouche, pas même lui ! Pour te tromper, il a caché le Soleil dans le dernier paquet, le plus laid. Prends-le vite et sauvons-nous ! »

Lontsingo avait raison.

Nkombé et la petite mouche redescendirent bien vite chez eux.

Quand ils furent proches de la Terre, Nkombé ouvrit le paquet gris : pour la première fois, le Soleil répandit sa clarté, et pour la première fois, on vit les enfants jouer, les femmes chanter, les hommes danser.

Musiciens, fixé sous verre, Sénégal.

▼ Pourquoi les habitants de la Terre sont-ils tristes ?

▼ Qui part chercher le Soleil ?

▼ Que sait-on du dieu du Ciel ?

▼ Que fait le dieu du Ciel ? Que dit-il ?

▼ Qui devine où est caché le Soleil ? Pourquoi ?

Cendrillon

Charles Perrault, adaptation d'Évelyne Lallemand,
Sept contes câlins pour chaque soir de la semaine, Hachette, 1993.

aussi : *c'est pourquoi.*

Une demoiselle passait ses jours à laver, repasser, nettoyer, cirer, rendre mille et un services à ses deux sœurs. Chaque soir, fatiguée et triste, elle s'asseyait près des cendres de la cheminée. Aussi ses sœurs l'appelaient-elles Cendrillon.

Un jour, le prince invita à un bal toutes les demoiselles à marier du pays. Les deux sœurs s'y rendirent… Mais pas Cendrillon ! Car elle, elle n'avait pas de belle robe de bal. Ce soir-là, elle resta donc près des cendres de la cheminée, et pleura.

Soudain, la fée sa marraine apparut. Elle la mena au jardin, agita sa baguette magique, et une citrouille devint un carrosse doré.

Ensuite, par magie, Cendrillon se retrouva vêtue d'une robe d'or, d'argent et de pierreries. À ses pieds, brillèrent deux mignonnes pantoufles de verre. Cendrillon pouvait aller au bal ! Mais :

« À minuit, sois de retour, lui dit la fée sa marraine. Sinon ces beautés disparaîtront. »

ces beautés : *ces belles choses.*

Cendrillon promit, et son carrosse doré fila, dans la nuit, vers le château du prince.

Lorsqu'il vit cette belle inconnue, le prince n'eut d'yeux que pour elle. Ensemble, ils dansèrent longtemps, longtemps...
Soudain, minuit commença à sonner. Se souvenant des paroles de sa marraine, Cendrillon s'enfuit.
Mais au dixième coup de minuit, dans le grand escalier, elle perdit l'une de ses pantoufles de verre.
Au douzième coup de minuit, sa robe de bal disparut ainsi que son carrosse doré. Elle rentra chez elle, à pied et en haillons...

des haillons :
des vêtements sales et déchirés.

Arthur Rackham, illustration, 1919.

Arthur Rackham, illustration, 1919.

Le lendemain, pour retrouver la belle inconnue, le prince ordonna de faire essayer la pantoufle de verre à toutes les jeunes filles du royaume.
Elle n'allait qu'à une seule : Cendrillon !
Alors, la fée sa marraine apparut et lui offrit une robe plus magnifique encore que celle de la veille !
Cendrillon fut conduite chez le prince. Il la trouva si belle qu'il l'épousa le jour même !

- D'où vient le nom de Cendrillon ?
- Pourquoi est-elle triste au début de l'histoire ?
- Que fait sa marraine, la fée, pour la consoler ?
- Que se passe-t-il à minuit ?
- Raconte avec tes mots la fin de l'histoire.

Arthur Rackham, illustration, 1919.

Crédits photographiques

Couverture : Franz Marc, *Cheval dans un paysage*, 1910, Essen, museum Folkwang, ph.AKG, Paris.

Intérieur :

Sommaire : p. 3 haut : peinture naïve africaine, XXe siècle, détail, ph. Valentin/Hoa Qui, Paris. **p. 3 bas :** Robert Desnos (1900-1945), *Le Soleil et la Lune*, bibliothèque littéraire Jacques Doucet, Paris, ph. Jean-Loup Charmet, Paris, © ADAGP, Paris, 1999. **p. 4 haut :** Joan Miró (1893-1983), *Le Potager à l'âne*, 1918, Moderna Museet, Stockholm, ph. Dagli Orti, Paris, © ADAGP, Paris, 1999. **p. 4 bas :** *Un laelaps attaquant un brontosaure*, gravure d'après un tableau de W. Kuhnert, détail, bibliothèque du musée des arts décoratifs, Paris, ph. Dagli Orti, Paris. **p. 5 :** Arthur Rackham (1867-1939), illustration pour *Cendrillon*, 1919, collection particulière, ph. Bridgeman-Giraudon, Paris, © DR.

Les histoires

pp. 6-7 : peinture naïve africaine, XXe siècle, détail, ph. Valentin/Hoa Qui, Paris. **p. 8 :** Ernst Ferdinand Oehme (1797-1855), *Dans la forêt*, Gemaldegalerie, Neue Meister, Dresde, ph. AKG, Paris. **p. 9 :** Armand Polignac, aquarelle, détail, musée Carnavalet, Paris, ph. Jean-Loup Charmet, Paris. **p. 11 :** Gaston Chaissac (1910-1964) *Totem double face*, 1961, huile sur bois, musée national d'Art moderne, centre Georges Pompidou, Paris, © ADAGP, Paris, 1999. **p. 13 :** Richard Doyle (1824-1883), *Fantômes*, aquarelle, Chris Beetles-Christopher Wood, Londres, ph. Bridgeman-Giraudon, Paris. **pp. 14-15 :** illustrations de Andrée Prigent in *Tibili, le petit garçon qui ne voulait pas aller à l'école*, éditions Magnard. **p. 17 :** peinture naïve africaine, XXe siècle, ph. Valentin/Hoa Qui, Paris. **p. 19 :** Jean Dubuffet (1901-1985), *Site avec deux personnages* (E. 313), 1981, acrylique sur papier, musée national d'Art moderne, centre Georges Pompidou, Paris, ph. MNAM-GP, Paris, © ADAGP, Paris, 1999. **p. 21 :** Jean Dubuffet (1901-1985), *Situation CXXXIV* (D. 216), 1979, feutre noir sur papier avec sept pièces rapportées collées, musée national d'Art moderne, centre Georges Pompidou, ph. Philippe Migeat/MNAM-GP, Paris, © ADAGP, Paris, 1999. **pp. 22-23 :** illustrations de Pef, in *Motordu a pâle au ventre*, « Folio Cadet », Gallimard Jeunesse, 1996. **pp. 24-25 :** perroquet : gravure de F. N. Martinet in *Histoire naturelle des oiseaux*, bibliothèque municipale de Valenciennes, ph. Dagli Orti, Paris. Autres oiseaux : gravures de F. N. Martinet in *Les oiseaux coloriés de Buffon*, 1765-1783, bibliothèque nationale de France, Paris, ph. BNF, Paris. **p. 27 :** Gora M'Bengue, *Femme*, 1984, fixé sous verre, Sénégal, ph. Renaudeau/Hoa Qui, Paris. **pp. 28-29 :** Camille Torchon, né en 1953, *Paysage imaginaire*, détail, art naïf haïtien, collection particulière, ph. Dagli Orti, Paris. **p. 30 :** Paul Klee (1879-1940), *Captif*, 1940, ph. documentation du MNAM-GP, Paris, © ADAGP, Paris, 1999. **p. 31 :** Paul Klee, *Issue trouvée*, 1935, aquarelle et fusain, Sammlung Felix Klee, Bern, ph. AKG, Paris, © ADAGP, Paris, 1999, et Paul Klee, *Ecce*, 1940, ph. Béatrice Hatala/documentation du MNAM-GP, Paris ©ADAGP, Paris, 1999. **p. 32 :** Paul Klee, *Avec des bas verts*, 1939, aquarelle, ph. AKG, Paris, © ADAGP, Paris. **p. 33 :** Paul Klee, aquarelle, 1930, ph. Béatrice Hatala/documentation du MNAM-GP, Paris, © ADAGP, Paris, 1999. **p. 34 :** Karel Appel, né en 1921, *Enfants interrogeant*, 1948, relief de bois clouté sur panneau de bois peint à l'huile, musée d'Art moderne, centre Georges Pompidou, Paris, ph. MNAM-GP © ADAGP, Paris, 1999. **p. 37 :** ph. Léonard Freed/Magnum, Paris.

Le théâtre

pp. 38-39 : Robert Desnos (1900-1945), *Le Soleil et la Lune*, bibliothèque littéraire Jacques Doucet, Paris, ph. Jean-Loup Charmet, Paris, © ADAGP, Paris, 1999. **p. 40 :** Maurice Denis (1870-1943), *Noële aux cerises*, 1899, détail, collection particulière, ph. Lauros-Giraudon, © ADAGP, Paris, 1999. **p. 41 :** Maurice Denis (1870-1943), *Noële aux cerises*, 1899, collection particulière, ph. Lauros-Giraudon, © ADAGP, Paris, 1999. **p. 43 :** Gustav Klimt (1862-1918), *Pommier I*, 1912, Oesterreichische Galerie, Vienne, ph. AKG, Paris. **p. 44 :** image publicitaire, XXe siècle, détail, ph. Edimédia, Paris. **p. 45 :** image publicitaire, XXe siècle, détail, ph. Kharbine-Tapabor, Paris. **p. 47 :** Gaston Chaissac (1910-1964), *Totem double face*, 1961, huile sur bois, musée national d'Art moderne, centre Georges Pompidou, ph. MNAM-GP, Paris, © ADAGP, Paris, 1999. **p. 49 :** Robert Desnos (1900-1945), *Le Soleil et la Lune*, bibliothèque littéraire Jacques Doucet, Paris, ph. Jean-Loup Charmet, Paris, © ADAGP, Paris, 1999. **p. 50 :** *Soleil*, art populaire de l'Allemagne du sud, XIXe siècle, bois peint, Sammlung Archiv für Kunst und Geschichte, Berlin, AKG, Paris. **p. 51 :** *Lune*, art populaire du sud de l'Allemagne, XIXe siècle, bois peint, Sammlung Archiv für Kunst und Geschichte, Berlin, ph. AKG, Paris. **pp. 53-54-55-56-59 :** illustrations de Leslie Brooke (1862-1940) in *The story of the three little pigs*, 1904, ph. Kharbine-Tapabor, Paris, © DR.

Les poésies

pp. 60-61 : Joan Miró (1893-1983), *Le Potager à l'âne*, 1918, Moderna Museet, Stockholm, ph. Dagli Orti, Paris, © ADAGP, Paris, 1999. **p. 62 :** Félix Lorioux (1872-1864), illustration pour *Le Loup et l'Agneau*, de La Fontaine, détail, 1949, ph. Kharbine-Tapabor, Paris, © ADAGP, Paris, 1999. **p. 63 :** Gustave Courbet, genre de *Trois Pommes rouges*, musée d'Orsay, Paris, © Photo RMN-Lagiewski. **p. 64 :** gravure du XIXe siècle, ph. collection Grob/Kharbine-Tapabor, Paris. **p. 65 :** Edvard Munch (1863-1944), *Clair de lune*, 1895, The Munch-Museum/The Munch-Ellingsen Group/ADAGP, 1999. **p. 66 :** *Le Chat de Kazan*, gravure russe de la fin du XVIIe, ph. AKG, Paris. **p. 67 :** Pablo Picasso (1881-1976), *Chouette*, tomette découpée et décorée, musée Picasso, Paris, ph. Gérard Blot/RMN, Paris, © succession Picasso, Paris, 1999. **p. 68 :** Georges Seurat (1859-1891), *Lisière des bois du printemps*, vers 1882-1883, musée d'Orsay, Paris, ph. Hervé Lewandowski/RMN, Paris. **p. 69 :** Eugène Delacroix (1798-1863), *Paysage d'été au soleil couchant*, vers 1818-1822, aquarelle, musée du Louvre, cabinet des Arts graphiques, Paris, ph. Michèle Bellot/RMN, Paris. **p. 70 :** Maxime Maufra (1861-1918), *Les Bords du Blavet* (Morbihan), musée d'Orsay, Paris, ph. R.G. Ojeda/RMN, Paris. **p. 71 :** Hiroshige Fude (1797-1858), *Neige sur le pont de Taiko de Meguro*, estampe nishiki-e, musée Guimet, Paris, ph. Ravaux/RMN, Paris. **p. 72 :** Eugène Delacroix (1798-1863), *Étude du ciel nuageux*, vers 1824-1826, aquarelle, musée d'Orsay, département des Arts graphiques, Paris, ph. Michèle Bellot/RMN, Paris. **p. 73 :** Bernard Boutet de Monvel (1851-1913), illustration pour *Filles et garçons*, d'Anatole France, ph. Archives L'Hopitault, Paris, © ADAGP, Paris. **p. 75 :** Gertrude Käsebier (1852-1934), *Happy Days*, 1905, musée d'Orsay, Paris, ph. RMN, Paris, © DR. **p. 76 :** art du Tibet, *Un des grands lamas de Tachi-lumpo*, détails, xylographie coloriée sur toile, musée Guimet, Paris, ph. Arnaudet/RMN, Paris. **p. 77 :** Joan Miró (1893-1983), *Le Potager à l'âne*, 1918, Moderna Museet, Stockholm, ph. Dagli Orti, Paris, © ADAGP, Paris.

Les documentaires

pp. 78-79 : *Un laelaps attaquant un brontosaure*, gravure d'après un tableau de W. Kuhnert, détail, bibliothèque du musée des arts décoratifs, Paris, ph. Dagli Orti, Paris. **p. 81 :** illustration de John et Elizabeth Gould, in *The Birds of Europe*, 1837, bibliothèque centrale du muséum national d'histoire naturelle, Paris, ph. bibliothèque centrale MNHN, Paris. **pp. 82-83 :** Paul Signac (1863-1935), *Trois-mâts jaune*, 1931, collection particulière, ph. Giraudon, Paris, © ADAGP, Paris, 1999. **p. 85 :** publicité pour le *Bon Marché*, gravure de la fin du XIXe siècle, ph. collection Kharbine-Tapabor, Paris. **p. 87 :** Donald Brun, affiche, 1947, ph. Aronal, Basel, Wassermann AGDR. **p. 88 :** *Un laelaps attaquant un brontosaure*, gravure d'après un tableau de W. Kuhnert, bibliothèque du musée des Arts décoratifs, Paris, ph. Dagli Orti, Paris. **p. 89 :** *Un laelaps attaquant un brontosaure*, gravure d'après un tableau de W. Kuhnert, bibliothèque du musée des Arts décoratifs, Paris, ph. Dagli Orti, Paris. **pp. 91-92-93 :** illustrations de J-C Gibert, d'après les personnages créés par Jean et Laurent de Brunhoff. **p. 95 :** Lune, dernier quartier et Lune, premier quartier, ph. A. Fujii/Ciel et espace. **p. 96 :** Soleil, ph. Nasa/Esa/Soho/Eit Ciel et espace, Pleine Lune, ph. B et S. Fletcher/Ciel et espace.

Les contes

pp. 98-99 : Arthur Rackham (1867-1939), illustration pour *Cendrillon*, 1919, collection particulière, ph. Bridgeman-Giraudon, Paris, © DR. **p. 100 :** *Le Riz*, planche botanique, vers 1820, détail, bibliothèque des Arts décoratifs, ph. Jean-Loup Charmet. **p. 101 :** Rémy Chauvière, *Rizière en Asie*, ph. Rémy Chauvière. **p. 103 :** illustration pour le *Nouveau Larousse illustré*, vers 1910, ph. Kharbine-Tapabor, Paris. **p. 104 :** Kasimir Malevitch (1878-1935), *La Femme au rateau*, vers 1928-1932, galerie Tretiakov, Moscou, ph. Giraudon, Paris, © DR. **p. 106 :** *Marmotte et Loup*, lithographies, 1861, Sammlung Archiv für Kunst und Geschichte, ph. AKG, Paris. **p. 107 :** *Jeune Indienne des États-Unis*, ph. Harlingue/Viollet, Paris. **p. 108 :** Lithographie en couleur, in *Atlas zoologique de Saint-Sylvestre*, vers 1880, ph. Kharbine-Tapabor, Paris. **p. 109 :** Lithographie en couleur, in *Oeuvres de Buffon*, 1866, ph. Kharbine-Tapabor, Paris. **p. 110 :** Fixé sous verre, Sénégal, ph. Renaudeau/Hoa Qui, Paris. **pp. 112-113 :** art naïf africain, détails, ph. J-D Joubert/Hoa Qui, Paris. **p. 114 :** C. Harinda, *scène de village*, art naïf de Tanzanie, détail, ph. J-D Joubert/Hoa Qui, Paris. **p. 116 :** C. Harinda, *scène de village*, art naïf de Tanzanie, détail, ph. J-D Joubert/Hoa Qui, Paris. **p. 117 :** art Inca, *Inti, le dieu Soleil*, museo arqueo-logico y galeria de arte del banco central, Quito, ph. Dagli Orti, Paris. **p. 118 :** *Musicien*, fixé sous verre, Sénégal, détail, ph. M. Renaudeau/Hoa Qui, Paris. **p. 119 :** *Musiciens*, fixé sous verre, Sénégal, ph. M. Renaudeau/Hoa Qui, Paris. **pp. 120-122 :** Arthur Rackham (1867-1939), illustrations pour *Cendrillon*, 1919, détails, collection particulière, ph. Bridgeman/Giraudon, Paris, © DR. **pp. 121-123 :** Arthur Rackham (1867-1939), illustrations pour *Cendrillon*, 1919, collection particulière, ph. Bridgeman/Giraudon, Paris, © DR.

Recherche iconographique : Nathalie L'Hopitault
Conception de la couverture : Polymago
Réalisation de la couverture : Pierre Léotard
Conception de la maquette intérieure : Rampazzo & Associés
Réalisation PAO : Rampazzo & Associés

I.S.B.N. 2.01.11 6133 9

Imprimé en France par Jean-Lamour – 54320 Maxéville
Dépôt légal n° :14148-08/01 - Collection n° 32 – Edition n° 03

11/6133/0